跟世界冠军学撑竿跳高（漫画版）

李玲著　赵鹏绘

電子工業出版社
Publishing House of Electronics Industry
北京 • BEIJING

图书在版编目（CIP）数据
跟世界冠军学撑竿跳高：漫画版 / 李玲著；赵鹏绘. -- 北京：电子工业出版社, 2022.1
ISBN 978-7-121-42179-2
Ⅰ. ①跟… Ⅱ. ①李… ②赵… Ⅲ. ①撑竿跳高 – 青少年读物 Ⅳ. ①G823.2-49
中国版本图书馆CIP数据核字(2021)第204009号

责任编辑：吴 源
印　　刷：北京盛通印刷股份有限公司
装　　订：北京盛通印刷股份有限公司
出版发行：电子工业出版社
北京市海淀区万寿路173信箱 邮编100036
开　　本：880×1230 1/24
印　　张：4.5
字　　数：162千字
版　　次：2022年1月第1版
印　　次：2022年1月第1次印刷
定　　价：60.00元

凡所购买电子工业出版社图书有缺损问题，请向购买书店调换。若书店售缺，请与本社发行部联系，联系及邮购电话：（010）88254888，88258888。
质量投诉请发邮件至zlts@phei.com.cn，盗版侵权举报请发邮件至dbqq@phei.com.cn。
本书咨询联系方式：（010）88254440。

每一次起跑都是挑战自己的尝试，
每一次跃过横杆都能使你更加自信。
体育可以帮助我们成为更好的自己，
相 信 自 己 有 无 限 的 可 能 。

序言

田径运动历史悠久。自1896年第一届雅典奥运会开始，田径运动一直是主要的比赛项目，是体育运动的基础项目，也是竞技体育中金牌比重最大的项目。它能全面、有效地发展人的身体素质和运动技能，对其他各项运动技术的发展和成绩的提高都有很好的作用。田径运动的锻炼形式多样，场地、设备和器材比较简单，练习时不易受到性别、人数、时间和季节等条件的限制，便于广泛开展。

中国田径协会成立于1954年，团结社会各界人士，调动一切积极因素，推动中国田径运动的普及和提高，为中国田径事业的发展积累必要的资源，弘扬体育精神，提高田径运动技术水平，促进田径事业健康发展。

撑竿跳高项目因技术动作难度较高，具有很强的观赏性，逐渐走进大众视野，深受国内外体育爱好者的喜爱。练习撑竿跳高可以增强体质，提高速度、弹跳力和身体协调性等能力，增强勇于挑战困难、提高自信心和培养机敏果断品质等。

20世纪80年代，撑竿跳高作为非正式比赛项目向女子开放。1999年，女子撑竿跳高被列为世界田径锦标赛正式比赛项目。2000年，女子撑竿跳高项目进入悉尼奥运会。

自20世纪80年代起，我国一直坚持开展此项运动。1995年以前，我国女子撑竿跳高运动的水平在世界上一直处于领先地位，世界最好成绩一直是我国运动员创造的。

本书作者在其教练周铁民的带领下，屡创佳绩，势如破竹，2014年获国际田联洲际杯女子撑竿跳高冠军，并多次打破亚洲纪录。

本书以漫画形式对撑竿跳高项目进行了全面介绍，言简意赅，非常直观地向读者展现出该项目的技术形态、训练方法及竞赛规则等要点。对于想要了解撑竿跳高的朋友们来说，此书可作为入门读物。

参与体育锻炼可以享受乐趣，增强体质，健全人格，磨炼意志。希望更多小读者，通过阅读此书，从此喜欢上撑竿跳高，勤加练习，将来能为实现体育强国贡献自己的一份力量。

中国田径协会主席 于洪臣

作者简介

李玲

中国首位在世界三大赛上获得女子撑竿跳高世界冠军的选手
中国田径历史上第六个世界冠军
亚洲女子撑竿跳高纪录保持者，4次刷新亚洲纪录
女子撑竿跳高运动员，最好成绩4.72米

2008全国田径锦标赛冠军；
2013亚洲锦标赛冠军，打破赛会纪录；
2014亚运会冠军；
2014国际田联洲际杯冠军；
2015世界大学生运动会冠军；
2015亚洲田径锦标赛冠军，打破亚洲纪录和赛会纪录；
2016亚洲室内田径锦标赛冠军，刷新亚洲纪录；
2018亚运会蝉联冠军，打破赛会纪录；
2019上海钻石联赛刷新亚洲记录。

赵鹏

漫画家，插画家，商标、卡通造型设计师
中国东方研究会漫画分会会员，陕西省漫画学会会员
曾担任马来西亚动漫嘉年华的中国嘉宾和动漫大赛评委，中国新光奖评委，入库中国原动力评委库
1994年开始创作漫画并出版单行本
1998年创作的《小·糊涂神》获金鹰奖
作品发表或版权输出到美国、韩国、马来西亚、新加坡、泰国
本人工作室获文化部“原创动漫扶持计划（2009）”原创漫画创作者（团队）扶持
国际上日本、马来西亚媒体做了报道，国内中央电视台“焦点访谈”等媒体做了报道
多次获得国家级大奖，如“中国漫画奖”优秀长篇漫画奖等
与社会各界广泛合作，如与影视公司合作漫画《机甲西游》，与李冰冰合作变形金刚的礼品插画等
在网络上《鹏程诡事》阅读量5亿以上，授权给喜马拉雅

自　序

我第一次见到撑竿跳高这项运动就被它深深吸引，目不转睛地盯着那些越过高高横杆的运动员们，觉得他们好神奇好帅气。撑竿握在运动员手中，就像魔棒一样，人和竿子配合得天衣无缝。人在越过横杆时，在空中有一刹那的停顿，那个瞬间也是最吸引我的地方。

之后我就选择了撑竿跳高，撑竿跳高由此改变了我的人生。12岁练习撑竿跳高至今，快20年了。我的训练轨迹和大多数运动员稍有不同。我一直在北京体育大学里，跟着学校里的教练训练。先是在北京体育大学附属竞技体校，一边读书一边训练。后来上了大学，再后来保送研究生，毕业后留在学校任教。

写毕业论文时，我就发现很多关于撑竿跳高的书文字偏多，图片很少。对于没有接触过这个项目的人来说，文字描述理解起来会有些费力。在准备此书初稿时，我也是文字描述为主。主编建议可以多录制一些视频，这也解决了我一直担心的与漫画师沟通动作画法的难题。最终在大家的共同努力下，本书终于和大家见面了。

本书图文并茂，向大家展示了撑竿跳高运动的历史和发展。漫画人物提升了读者阅读此书的趣味性。书中还有一些练习撑竿跳高运动的训练内容，不仅适用于专项训练，还有很多练习适用于平时强身健体。

希望越来越多的人能感受到撑竿跳高带来的乐趣。虽然它给人的第一印象是非常非常难，但是练习下来会发现还是挺简单有趣的。

相信在未来中国会诞生更多的撑竿跳高冠军，为国争光。

最后感谢一直以来帮助和支持我的人。

目录

目录

目录

Chapter 7 注意事项和安全防护

Chapter 8 对运动员的要求

Chapter 9 膳食与营养

Chapter 1 田径运动

Lesson 01　田径运动简介

田径运动是非常古老的运动项目。

田径运动自诞生之日起，就深受群众喜爱，并逐步成长为现代竞技体育中最重要的生力军。现代奥林匹克运动在世界范围内得到普及与发展，与田径运动的普及密不可分。历届奥运会上，田径运动一直是参加国家和地区多、参赛运动员也多的体育运动。奥林匹克“更快、更高、更强”的格言在田径运动中得到了充分的体现。

田径运动被看作是一个人类挑战体能极限的项目。田径运动较量的是谁更快、更高、更远。田径赛场紧张激烈，众多田径选手将从事田径运动作为超越自我的一种人生目标并奋斗不已，这也正是田径运动吸引观众的地方。

田径运动被公认是基础战略性奥运项目。自1896年现代奥运会复兴以来，田径一直是设项最多的运动项目。

目前奥运会赛事田径项目包含40多个小项，金牌、奖牌众多，这让田径成为各国实现奥运梦想、取得战略突破的焦点。得田径者得天下，田径已成为奥运赛场的兵家必争之地。世界各主要竞技体育发达国家都将田径项目放在基础的战略位置，美国、俄罗斯、德国等，无不是在田径等项目上实现其在奥运会的名牌战略的。

田径源于生活，其中处处要求速度、力量、耐力以及技术。田径可以全方位展示人类掌握生存技能的最高境界，它集各种人类身体素质、技巧于一体。田径是其他体育项目之本、之源，因此田径运动是否普及，田径项目是否突出，也成为评价和衡量一个国家或地区竞技体育、群众体育水平高低的重要指标。

Lesson 02　我国田径运动比赛项目与分类

类别	项目	成人		少年			
		男子组	女子组	男子甲组	男子乙组	女子甲组	女子乙组
田赛	跳跃	跳高、跳远、撑竿跳高、三级跳远	跳高、跳远、撑竿跳高、三级跳远	跳高、跳远、撑竿跳高、三级跳远	跳高、跳远、撑竿跳高、三级跳远	跳高、跳远	跳高、跳远
	投掷	铅球（7.26千克） 标枪（800克） 铁饼（2千克） 链球（7.26千克）	铅球（4千克） 标枪（600克） 铁饼（1千克） 链球（4千克）	铅球（6千克） 标枪（700克） 铁饼（1.5千克）	铅球（5千克） 标枪（600克） 铁饼（1千克）	铅球（4千克） 标枪（600克） 铁饼（1千克）	铅球（3千克）

径赛	竞走	20公里、50公里	5公里、10公里、20公里、50公里				
	短距离跑	100米200米400米	100米200米400米	100米200米400米	60米100米200米400米	100米200米400米	60米100米200米400米
	中距离跑	800米1500米3000米	800米1500米3000米	800米1500米3000米	800米	800米1500米3000米	800米
	长距离跑	5000米 10000米	5000米 10000米				
	跨栏跑	110米(1.067米) 400米(0.914米)	100米(0.84米)400米(0.726米)	110米(0.914米)	110米(0.914米)	100米(0.84米)	100米(0.84米)
	障碍跑	3000米	3000米				
	马拉松	42195米	42195米				
	接力跑	4×100米 4×400米	4×100米 4×400米	4×100米	4×100米	4×100米	4×100米

类别	项目	成人		少年			
		男子组	女子组	男子甲组	男子乙组	女子甲组	女子乙组
全能项目	径赛	十项（100米、跳远、铅球、跳高、400米、110米栏、铁饼、撑竿跳高、标枪、1500米）	七项（100米栏、跳高、铅球、200米、标枪、跳远、800米）	七项（100米栏、跳高、标枪、400米、铁饼、撑竿跳高、1500米）	四项（110米栏、跳高、标枪、1500米）	五项（110米栏、铅球、跳高、跳远、800米）	四项（100米、跳高、标枪、800米）

Chapter 2 了解撑竿跳高

Lesson 03　撑竿跳高的动作形态

撑竿跳高（pole vault），是田径运动项目中的一种。运动员借助竿子的支撑和弹力，身体越过一定高度。撑竿跳高是一项技术复杂的田径运动项目。

撑竿跳高由持竿助跑、举竿插穴起跳、悬垂摆体成空中倒立，以及转体、推竿腾跃过杆和落地等动作组成。

其中举竿插穴起跳动作是撑竿跳高技术的关键。

随着撑竿技术不断改进，运动员目前采用的是碳纤维和玻璃纤维制作的撑竿。

其特点是韧性好、弹力大、受力弯曲度大。运动员可以利用撑竿反弹力将自己弹射过竿。

撑竿跳高练习，可以提高速度、力量、灵敏度和协调性等，培养不怕困难、勇敢顽强、沉着坚定等优良品质。

特点

撑竿跳高是一项趣味性较强的项目，需不断挑战自我。随着对器械的熟练掌握，身体能力的增加，竿子握点会逐渐增高，竿子会越换越大，人也会越跳越高。

撑竿跳高技术相对于田径其他项目是最为复杂的。

益处

撑竿跳高对发展核心力量、增强核心稳定性有明显效果。练习撑竿跳高能提升上肢肌肉线条和腰部肌肉线条，有助于锻炼出较好的体形。

Lesson 04　撑竿跳高的发展

公元前16世纪，由于生产和生活的需要，人们有时需要用木棍撑过河沟和不高的障碍。

后来军队把用撑竿跳过战壕、矮墙等作为训练士兵战斗技能的重要手段，就有了撑竿活动的雏形，并逐步发展成为一种民间游戏。

到了中世纪，撑竿跳高活动不仅更频繁,而且更具有竞赛的气氛。

14世纪中叶，就有撑竿跳高比赛的记载。

18世纪中叶，德国学校体育教材中出现了撑竿跳高的内容。有案可查的最早的撑竿跳高纪录是德国人布施在1789年创造的1.83米。

1817年欧洲的最高纪录是2.92米。

那时用的撑竿都是沉甸甸的木棍。竿的前端装有尖头，助跑后把尖头插入地面起跳，离地后采用侧身滚越横杆技术，身体落在铺有沙子或者翻挖松软的土地上。

这可以算是现代撑竿跳高运动的初始阶段。

据国际田联《世界最好成绩与正式世界纪录》一书记载，第一个男子撑竿跳高的世界最好成绩为2.44米，由英国人约翰·罗伯在1843年4月17日创造。

首项男子撑竿跳高的正式世界纪录诞生于1912年6月8日，由美国人马科斯·莱特创造，成绩为4.02米。

其实，撑竿跳高在我国藏族历史上也有较早记载。据藏族古典著作《颇罗鼐传》记载：“大家娱乐玩耍，做长距离、中距离、短距离的射箭游戏，推举石鼎，平地跳远，撑竿跳高，光着上身只穿短裤比赛长跑……”

颇罗鼐（1689—1747）是藏族的一位风云人物，他掌管藏政二十多年。原文中的撑竿跳高，按藏文的意思是在两根木棍的尖端拴上绳子，用木棍跳（过去）。根据这段记载，可以推断这一活动基本上与德国的撑竿跳高相似。

Lesson 05　撑竿跳高的竿子

一、撑竿的发展阶段

撑竿跳高经历了最近一个多世纪的发展历程，因撑竿的演变，直接促进了跳跃技术的改进和运动成绩的提高。

根据撑竿的变化，撑竿跳高运动的发展可分为4个阶段。

1、木制杆阶段

撑竿跳高运动员用的撑竿最初是木制的，杆子下端装有三股铁叉。助跑后将杆头插在地上，沿杆迅速向上爬。当杆子将要倾倒时，便采用坐姿越过横杆，故称“爬杆跳高”。1896年第一届奥运会的撑竿跳高比赛上，美国运动员W.霍伊特用木杆跃过3.30米，获得冠军。

木制撑竿大约经历了90年，最好成绩为3.58米。

出于这种跳法相对于撑竿跳高技术特征的非合理性与安全性考虑，1889年，比赛规则明确规定“运动员在起跳离地后，双手不得交替上爬”。“爬杆跳高”到1890年被禁止。

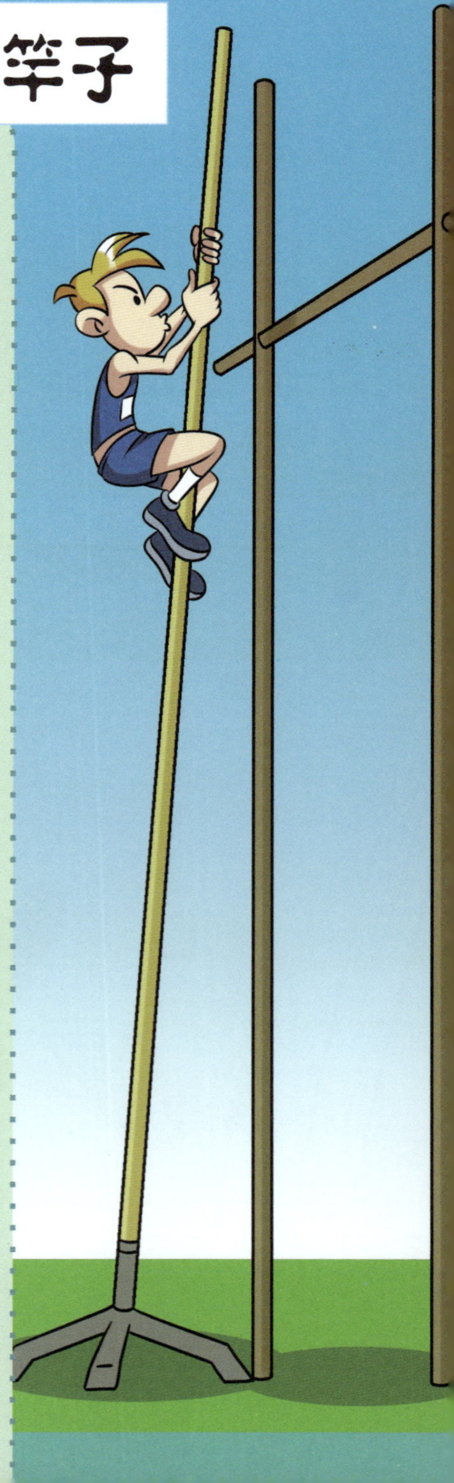

2、竹竿阶段

由于木制撑杆重且弹性差，1905年欧洲人从中国和日本引进竹子，并于1909年用到撑竿跳高中。从此，正式定名为“撑竿跳高”。

竹竿轻且有弹性，促使技术不断改进。竹竿轻且便于握持，助跑速度不断提高。准备起跳与起跳时出现了持竿下手向上手的滑竿动作，使起跳和起跳离地后双手靠近。这不仅有助于起跳时加大竿与地面的夹角，加大摆动幅度，而且引体转体时，便于双臂集中用力，并产生向横杆上方升起的补充力，从而也促进了悬垂、摆体、后仰举腿、引体转体、弓身过杆等技术的出现。

1924年，国际田联正式同意使用木质穴斗和沙坑，运动成绩随之再次不断提高。

1942年，美国的C.沃梅达以4.77米的成绩创造了竹竿撑竿跳高最高纪录。

由于撑竿跳高是在竹竿时期传入我国的，所以将这一运动取名为“撑竿跳高”而非“撑杆跳高”，并沿用至今。竹撑竿历经大约45年。

3.金属竿阶段

由于竹竿易断裂，对人体易造成伤害，且使用寿命短，金属竿逐渐代替了竹竿。

虽然1930年就已有钢竿，但并未普及。

1952年出现了铝合金竿。

金属竿质地结实，运动员敢于提高握竿点，加快助跑速度，并加大摆体幅度。

但金属竿太硬，为了保证竿子向横杆方向摆动，技术上的主要变化是起跳更有力，用力方向稍偏上。在不强调后仰和团身的情况下，整个身体大幅度摆动，并加强振幅摆体的“长摆”技术，即“腾起式”过杆技术。这种技术可以腾越横杆高度超过握竿点80厘米以上。

1957年美国运动员古托夫斯基以4.78米打破了世界纪录。

1960年美国运动员布雷格又以4.80米创造了金属竿的最高纪录。

4.玻璃纤维竿、碳纤维竿阶段

玻璃纤维竿也叫尼龙竿，采用高级尼龙和玻璃纤维等原料制成。

玻璃纤维竿具有重量轻、弯曲度大、反弹力快等优点，其综合性能明显优于竹竿和金属竿。

玻璃纤维撑竿的使用为提高成绩展现了更大空间，这一时期跳跃技术的改进方向主要集中在如何更有效地发挥和利用撑竿的弹性方面。

早在1948年，已有人采用了玻璃纤维竿，但因动作掌握不好，运动成绩不理想。

20世纪60年代初，玻璃纤维竿又在美国出现。

1960年，海绵坑代替了沙坑。

1961年，美国运动员戴维斯以4.83米创造了玻璃纤维竿第一个纪录。

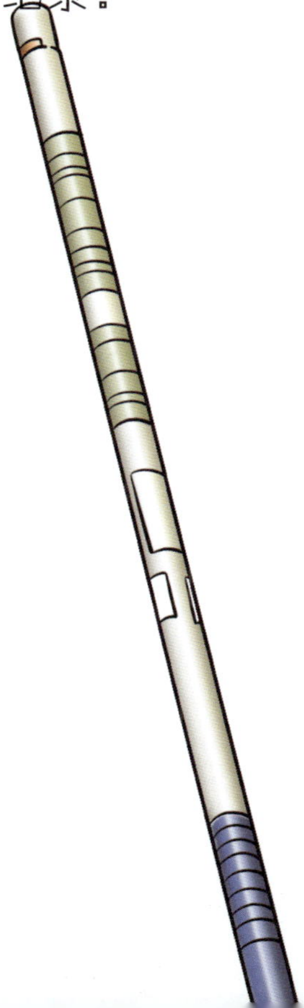

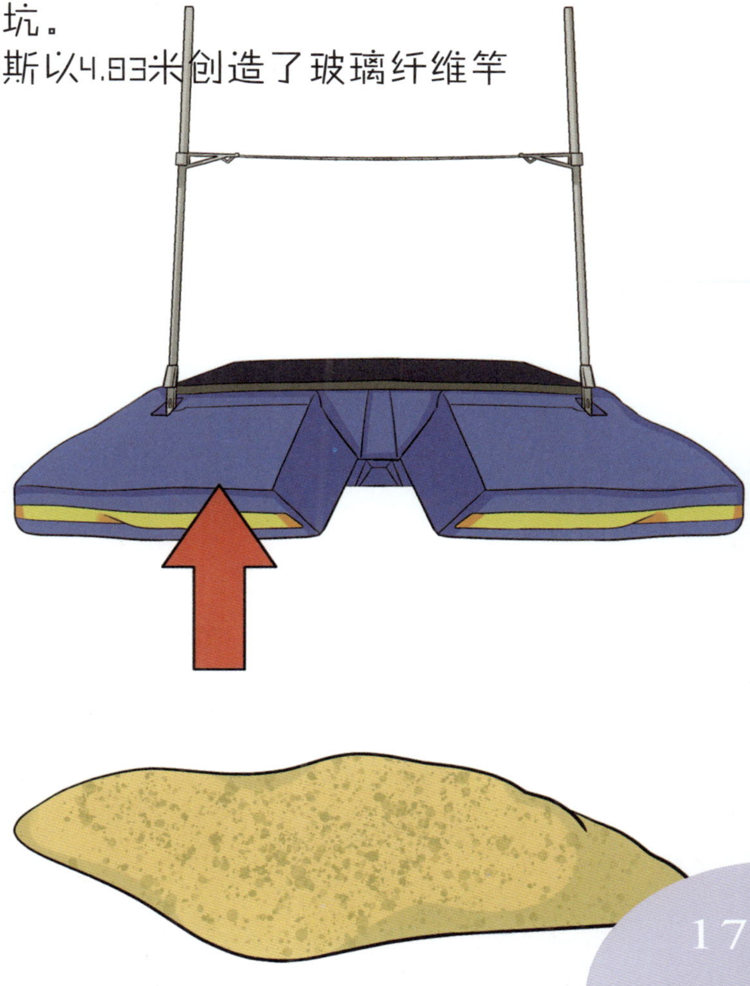

1962年，国际田联正式批准使用玻璃纤维竿，运动成绩不断提高。

玻璃纤维竿使用至今。其技术变化主要表现在两方面：

第一，可提高握竿高度80～90厘米。

第二，可使抛射过竿的高度超过握竿点1米以上，插穴起跳、悬垂摆体等技术发生了相应变革：肩后倒以后，运动员的团身变化很大，而且两臂拉引前增加了沿竿子向上伸展的环节，从而能更有效地利用竿子的反弹来提高身体重心，使人体具有向横杆上方抛射的动力。

二、比赛时对运动员撑竿的要求

1. 运动员使用自备撑竿。未经物主同意，不得使用他人的撑竿。

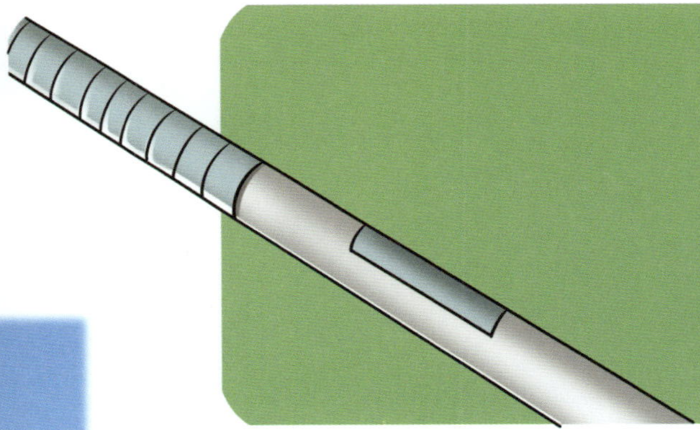

2. 撑竿可用一种或多种合成材料制成，长度和直径不限，但撑竿表面必须光滑。

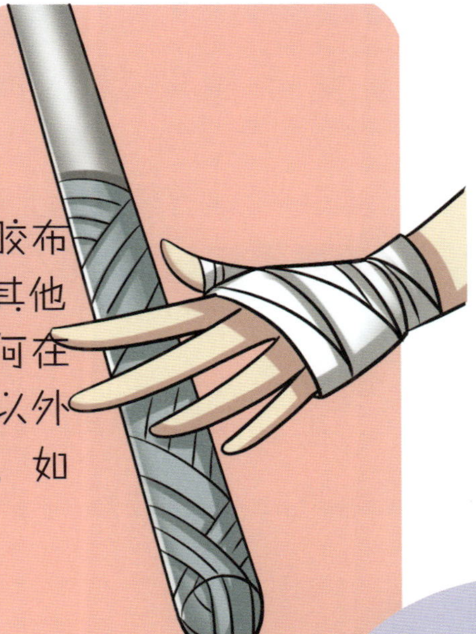

3. 可在撑竿的抓握处缠上多层保护性胶布（以保护手），和/或在撑竿下端缠上其他适当材料和胶布（以保护撑竿）。任何在撑竿抓握处的胶布除了重叠的附属物以外必须一致，不能出现直径的突然改变，如在撑竿上增设任何“环状”物。

Lesson 06 撑竿跳高纪录

一、世界纪录

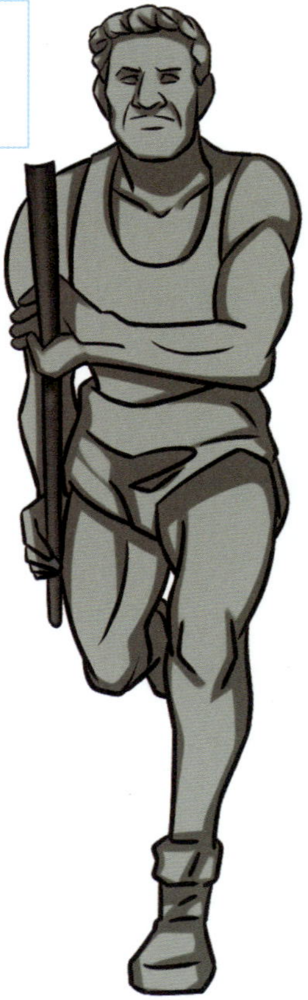

1. 男子撑竿跳高世界纪录保持者

2014年2月16日，在乌克兰顿涅茨克举行的国际室内田径大奖赛中，法国运动员李纳德·拉维莱涅越过6.16米的高度，打破了谢尔盖·布勃卡保持了20年零51周的世界纪录。

2. 女子撑竿跳高世界纪录保持者

2009年8月28日，在国际田联黄金联赛站苏黎世的比赛中，俄罗斯运动员伊辛巴耶娃以5.06米的成绩打破由自己在北京奥运会上创造的5.05米的女子撑竿跳高世界纪录。这是她职业生涯中第27次打破世界纪录，也是她第15次打破室外赛世界纪录。

二、亚洲纪录

1.男子撑竿跳高亚洲纪录保持者

1998年2月19日在斯德哥尔摩室内比赛中，哈萨克斯坦运动员伊戈尔以5.92米创造了亚洲纪录。

2.女子撑竿跳高亚洲纪录保持者

2019年5月18日在上海举行的国际田联钻石联赛中，中国运动员李玲以4.72米刷新了她之前在多哈室内亚洲锦标赛上创造的4.70米亚洲纪录，这是她第4次刷新亚洲纪录。

Lesson 07　我国撑竿跳高的发展

一、男子纪录

我国第一个男子撑竿跳高纪录，是在1910年旧中国第1届全国运动会上创造的，成绩为2.94米。

1936年，纪录提高到4.15米。此后成绩不仅没有提高，反而明显下降。1948年旧中国第7届全运会第一名的成绩仅为3.52米。

新中国成立后，撑竿跳高运动迅速发展。

1956年，蔡艺墅用金属竿跳过4.35米，打破了保持了20年之久的全国纪录。

1964年，胡祖荣用金属竿创造了4.58米的男子全国纪录，这也是当时金属竿的亚洲最高纪录。

1966年，我国运动员开始在正式比赛中使用尼龙竿，当年就创造了4.60米的全国纪录。

1974年，蔡长希创造了5.01米的新纪录，成为我国第一个越过5米大关的运动员。

截至目前，男子撑竿跳高的全国纪录是山东运动员薛长锐在2017年伦敦世界田径锦标赛上创造的，成绩为5.82米。

二、女子纪录

我国女子撑竿跳高运动兴起于20世纪90年代，几乎与世界各国的发展同步。

1987年，李琳和胡艳双双越过3.60米。

1988年，邵静雯跳出3.75米的世界最好成绩。

1991年，张纯真越过4.05米，成为世界上第一个越过4米的女子撑竿跳高运动员。

1995年，国际田联正式承认女子撑竿跳高纪录后，我国运动员曾多次打破室内、室外世界纪录。截至目前，女子撑竿跳高的全国纪录是李玲在2019年上海国际田联钻石联赛中创造的，成绩为4.72米。

欧美其他国家利用其原有的雄厚的田径基础和先进的科学技术，奋起直追。其中以德国、俄罗斯、美国等国家尤为突出。

Lesson 08 撑竿跳高场地和比赛装备

一、撑竿跳高场地

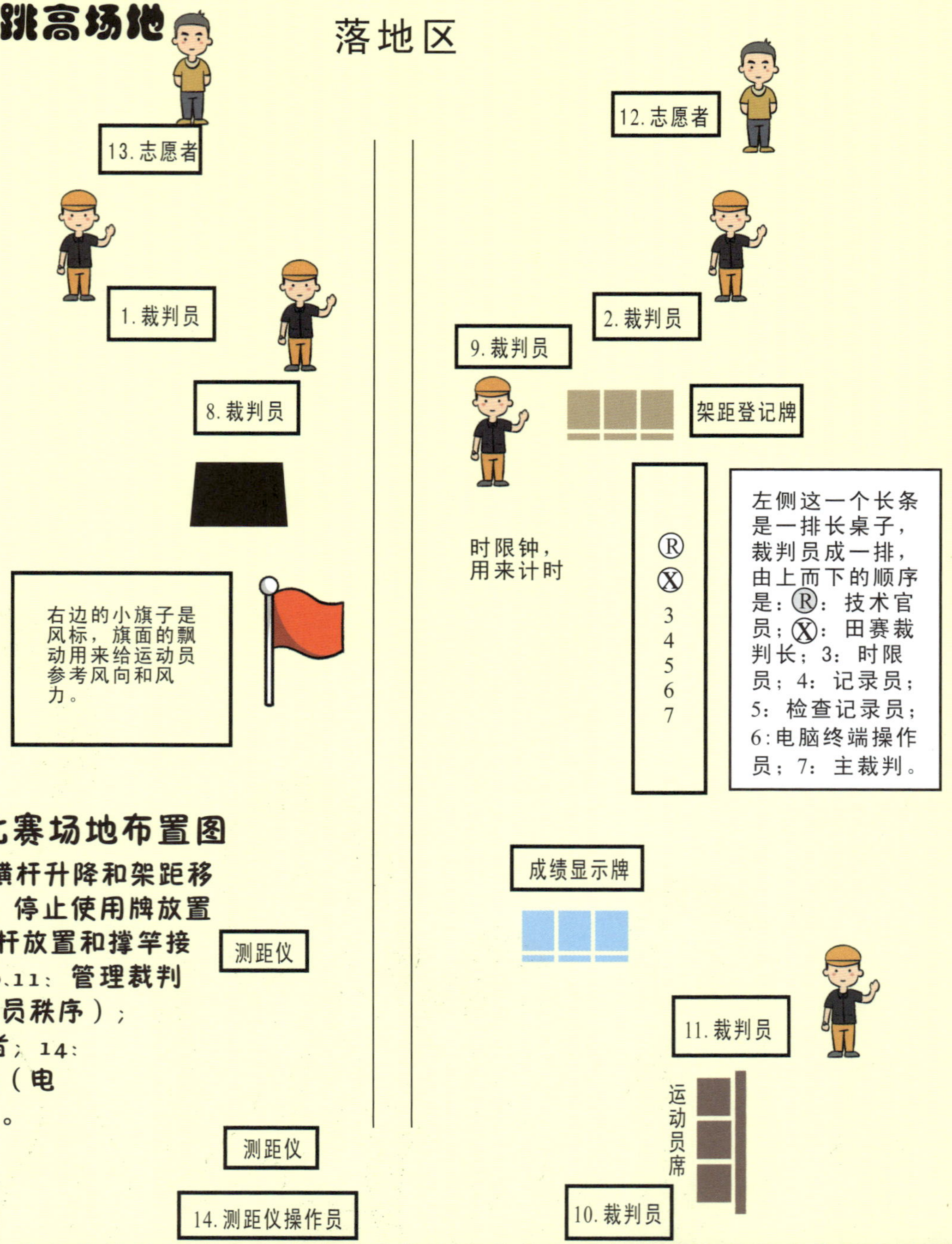

撑竿跳高比赛场地布置图

备注：1?2：横杆升降和架距移动裁判员；8：停止使用牌放置裁判员；9：横杆放置和撑竿接护裁判员；10、11：管理裁判员（维持运动员秩序）；12、13：志愿者；14：测距仪操作员（电子测量高度）。

二、撑竿跳高比赛装备

1.比赛服

2.钉鞋

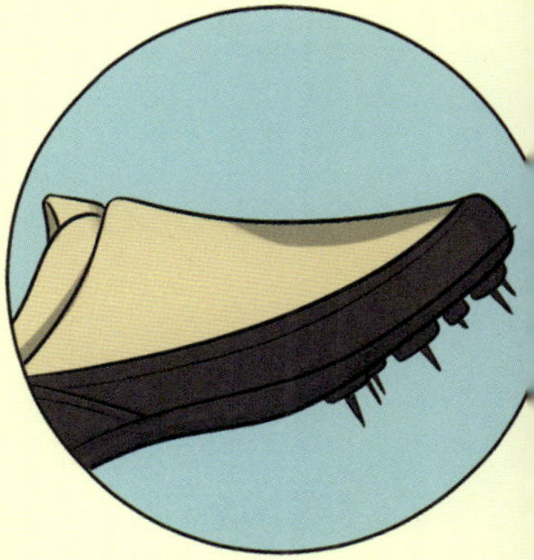

3.护具

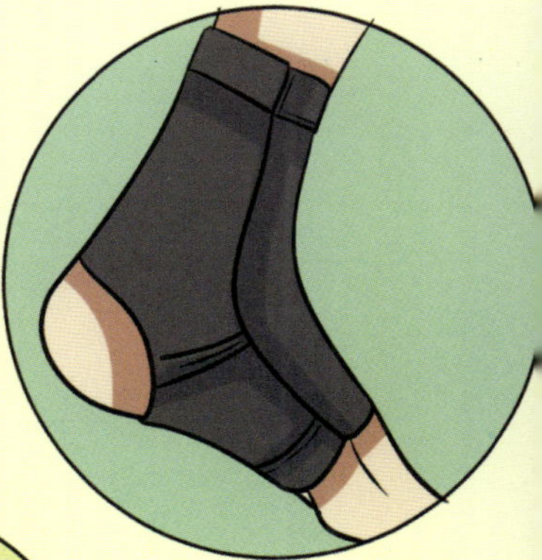

4.镁粉

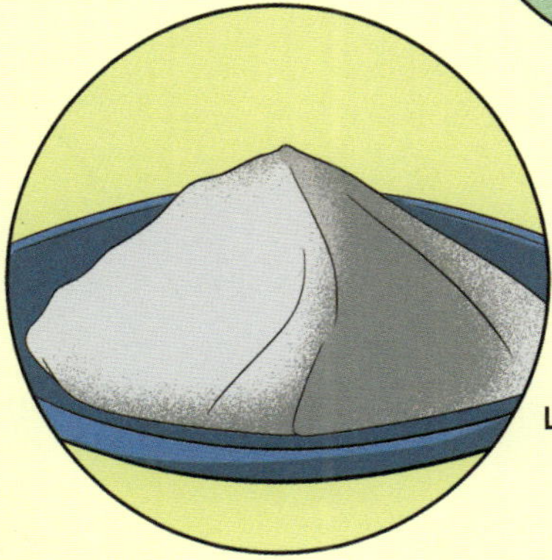

5.胶布

6.助粘剂

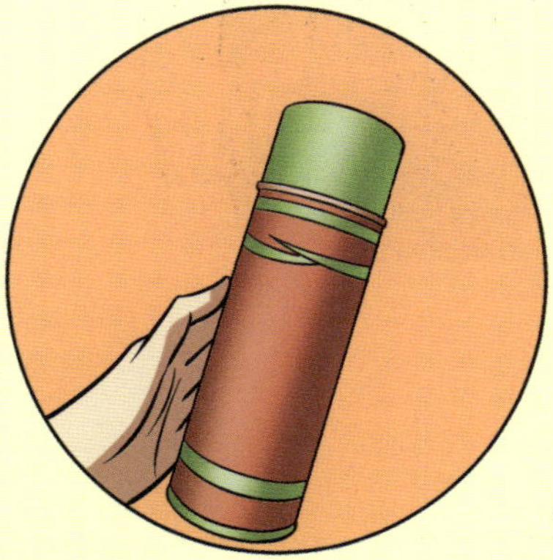

7.步点标记物（大会提供，每人只能使用两块）

8.卷尺（大会提供）

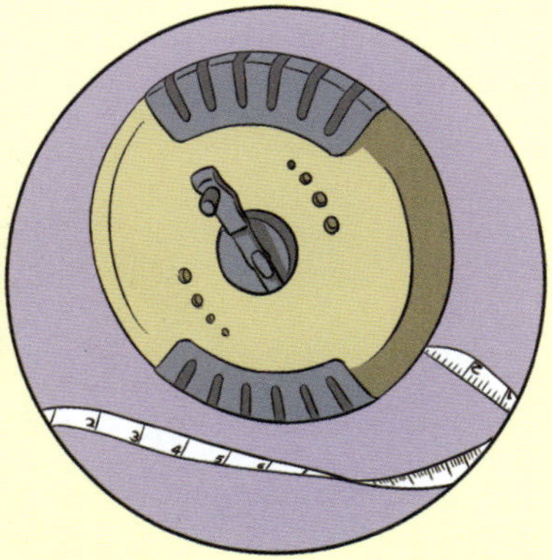

二、撑竿跳高比赛装备

Chapter 3 运动前准备

Lesson 09 梳理和慢跑

一、泡沫轴和滚轴等梳理运动

运动前可先用泡沫轴、滚轴、筋膜球及筋膜枪等运动工具进行运动前梳理。

目的

增加肌肉弹性，放松筋膜，增加关节和肌肉活动度。

内容

1. 将泡沫轴横放在平坦的地面上，仰卧背靠在泡沫轴上，借助腿部力量上下滚动，对背部及腰部进行放松。

2. 俯卧，将双腿大腿前群（大腿前部全部肌肉的统称）放在泡沫轴上，双臂撑地，利用上肢力量，前后滚动泡沫轴，放松及梳理大腿前群肌肉。

3. 侧卧，将大腿外侧放在泡沫轴上，利用上肢力量，前后滚动泡沫轴，放松及梳理大腿外侧髂筋束（大腿外侧一条长肌筋膜）。

4. 将筋膜球放在足底，前后左右滚动，放松足底筋膜。

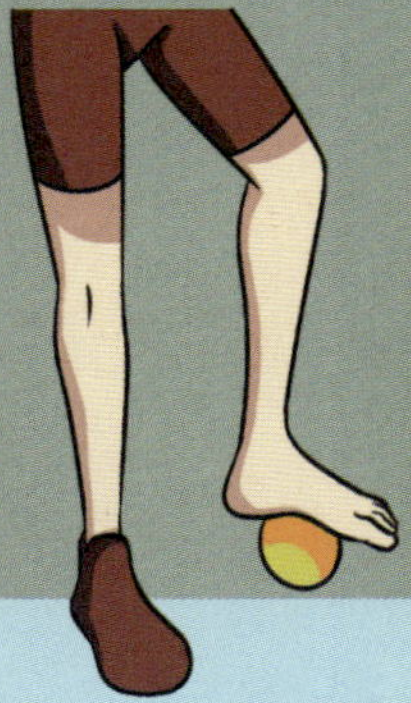

4

5. 仰卧，将筋膜球放在髋关节处，扩张膜筋肌，滚动放松。

5

6. 用筋膜枪震动斜方肌、胸大肌、腰肌及臀肌等需要参与运动的部位。

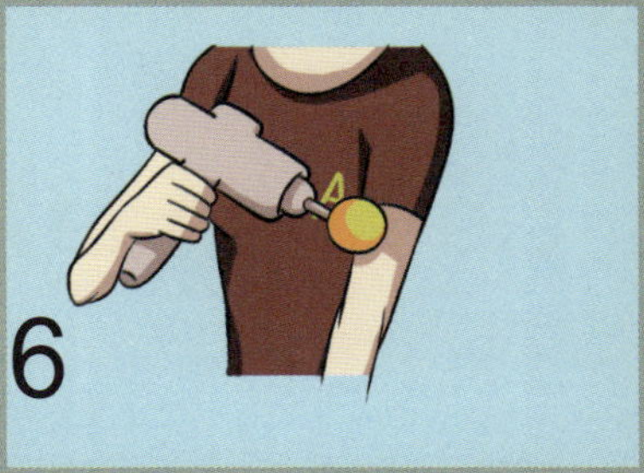

6

二、慢跑

目的

增加肌肉热度，激活心肺能力。

内容

慢跑800～1000米。

Lesson10 牵拉与激活

一、牵拉

牵拉韧带分为静态和动态牵拉，运动前多采用动态牵拉，以增加肌肉弹性，减少肌肉黏滞性。

目的

增加肌肉弹性和关节活动度，防止受伤。

内容

利用肋木，对肩关节、腰部、腿部肌肉进行牵拉。

1.坐在垫子上，屈腿，两腿分开，两脚心相对，牵拉髋关节。坐式体前屈。

2.仰卧，双臂横向伸直，双腿向下伸直。右脚向左臂上方踢起，再回位。换左腿，踢向右臂上方，再回位。每侧3次。

3.俯卧，同上一动作。每侧3次。

二、激活

目的

激活臀肌，在助跑时能更好地使用臀肌发力做动作。

1.将橡皮带放在小腿中间位置，跪在垫子上。双膝并拢，双手撑地。外展抬起一侧的腿，与地面成水平状，再回位。另一侧腿固定在地面。10次后换腿。

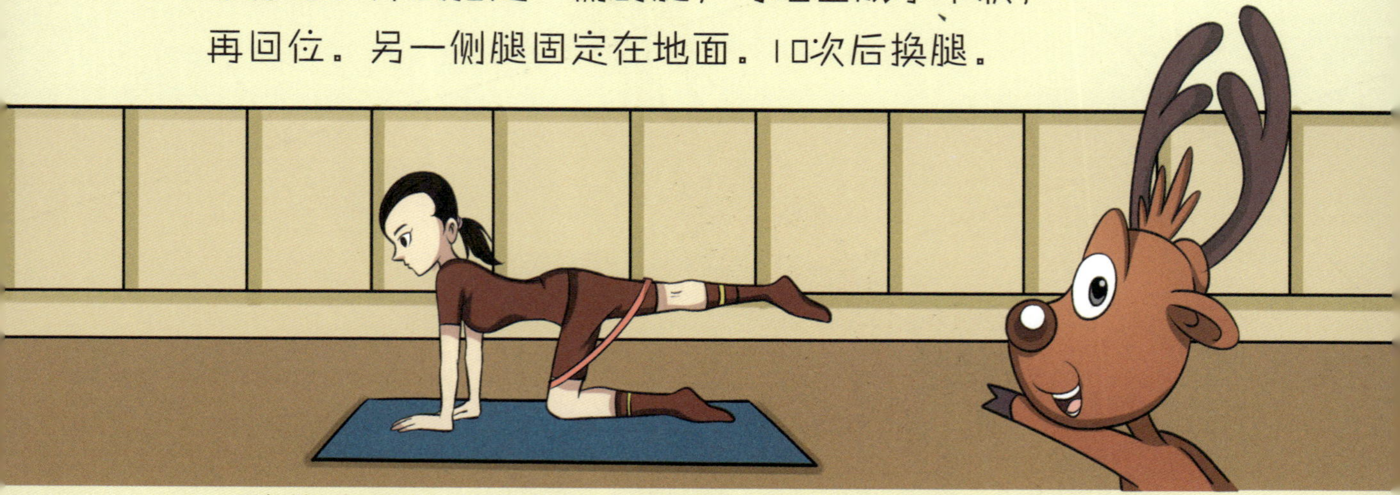

2.将橡皮带放在大腿中间位置，跪在垫子上。双膝并拢，双手撑地。一条腿向后伸展，水平于地面，再回位。另一条腿固定在地面。10次后换腿。

内容

用圆形橡皮带激活臀肌。

3.将橡皮带放在膝盖位置，站立姿势。双腿叉开，略比肩宽一点。半蹲，再站直。保持双膝位置，不能被橡皮带的力量拉动。练习10次2组。

4.将橡皮带放在双膝位置，一直保持站立半蹲姿势。一侧腿向外移动10至20厘米，另一条腿跟着向外移动。再反方向向外移动10至20厘米。注意保持双膝距离，不要被橡皮带拉回。一共做10次2组。

Lesson 11 跑的专项练习和钉鞋

一、跑的专项练习

1. 首先进行行进间牵拉练习，包括振肩、转腰、踢腿等动作。

2. 接着进行小步跑、高抬腿、跨步跳。
区别于前面的练习方式，将这3个练习合并为1个练习。
小步跑接高抬腿，再接跨步跳，3个动作连续做完。
这样可以提高跑动中转换动作的能力。

3.两侧交叉步练习，提高脚底灵活度，能更好地活动髋关节。

二、钉鞋

撑竿跳高有属于自己的专项鞋，鞋底脚掌位置装有鞋钉。鞋底比跑鞋厚，比跳远鞋软。换好鞋后，就可以开始撑竿跳高训练了。

Lesson 12 试跳

目的

找到合适的起跳点，找到适合自己的架距，以及选择起跳高度。

起跳点

最适宜的起跳点，应该是撑竿的竿头落在插斗后，握竿手（上位手）垂直投影线后方10～35厘米处。从主观感觉来说，应该在握竿上位手的垂直下方。

内容

1. 做完热身后，手持撑竿，开始进行短程直竿试跳。
可以选择2步助跑、4步助跑、6步助跑。

2. 接着进行半程弯竿试跳。
可以选择8步助跑、10步助跑、12步助跑。

3. 然后进行全程试跳。
可以选择14步助跑、16步助跑、18步助跑……

说明

1. 撑竿跳高助跑步数都是按照偶数进行的。
2. 助跑步数根据助跑能力进行选择，能力越强，助跑距离越远。
3. 男子运动员大多采用18步，有些最远达到22步。
4. 女子运动员大多选择16步，也可以18步。

Chapter 4 基本技术

Lesson 13 持竿助跑

一、正确持握撑竿要领

收下颌，目视前方。

左手在前，右手在后（以惯用右手者为例）。

两手相距略比肩宽，约60～70厘米。

将撑竿持于身体右侧，接近腰的部位，双臂屈肘。

右手虎口向下，掌心向前，位于右侧髋骨上。

左手位于胸腹之间，离身体20～25厘米处，掌心向下。

竿头高于头部。

双臂和肩关节放松。

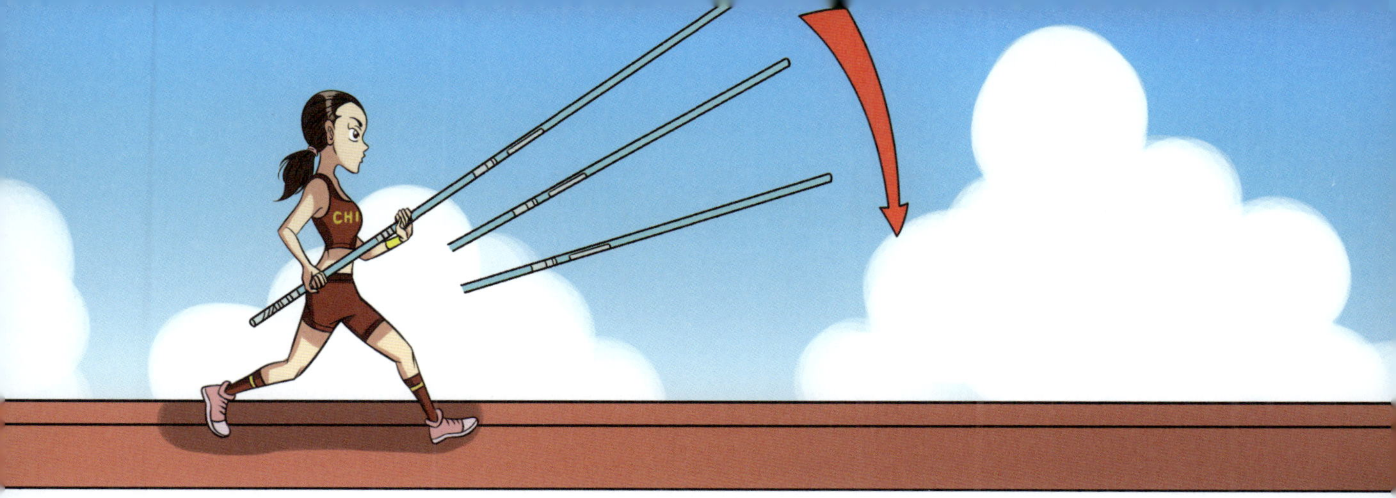

二、助跑

左脚在前，右脚在后（以左脚起跳者为例）。
保证身体平衡，平稳加速。
竿头逐渐降低，接近与地面水平，为下一个举竿动作做准备。

常见错误

肩部过于紧张，双手握距较宽，持竿摆动与跑动不协调，助跑中身体后仰。

Lesson 14 举竿插穴起跳

将撑竿向前上方送出，在尽量减少速度流失的同时，为快速有力起跳做好准备。

当倒数第三步脚落地时，撑竿继续下降。前端的竿头对准插穴斗，配合跑动的腿，双手开始向前上方举起。

当起跳腿（以左腿为起跳腿示例）的脚掌踏上起跳点时，右臂充分上举伸直，左臂稍屈用力，向前上方顶起。

同时，肩、胸、髋主动向前逼近，摆动腿（右腿）屈膝快速向前上摆，起跳腿有力蹬伸，身体充分伸展，高重心地向前上方起跳，悬垂于竿下。

注意

整个举竿插穴动作应做到及时、平稳、方向正（不能左右偏斜）。要善于利用降竿速度和助跑速度，使整个举竿插穴和助跑协调一致。

常见错误
举竿不协调，手脚配合不一致。
举竿拉大步，起跳不充分。
起跳点位于上握手垂直线下方，过近或过远。

Lesson 15 悬垂摆体成倒立

悬垂阶段

对撑竿施加最大作用力，形成能够充分利用撑竿所储备能量的身体姿势。

从起跳腿蹬离地面瞬间开始，就进入了悬垂阶段。

转入悬垂身体应充分伸展、拉长体前肌群，使肩、胸、髋向前，起跳腿滞留在体后，形成最大背弓。

摆体阶段

当身体背弓达到最大时，进入摆体阶段，应充分体现出“鞭打”用力的特征。

紧接着做积极的屈膝、屈髋的团身动作，此时竿子弯曲度最大。

身体重心逐渐摆过竿子弯曲点上方，随着动作的加速度减弱，对撑竿的压力将减小。竿子开始反弹的同时，伸展髋关节，两腿并拢，顺竿向上伸举。

在伸举过程中，双脚注意向后上方伸举，以求身体获得一个向上的运动。

随着伸膝展髋的进行，要积极倒肩，最终身体成倒立状态，背向横杆。

常见错误

身体未形成较大背弓，下手抱竿，双腿举腿不到位，臀低于肩，双腿和上体形成两头起动作，头部后仰，团身不够，过多向前伸展，未向上伸展。

Lesson 16 转体与推杆

在撑竿释放弹力向上伸展的过程中，借助竿子的弹力，由髋部积极带动双腿，向竿子的顶端伸展双腿。髋部靠近竿子并开始略向左转，身体要完成一个绕纵轴转体的动作。

转至整个身体面向横杆，保持两腿向撑竿上端充分伸展，使身体转体后继续上升，以便身体在撑竿上完全处于倒立姿势。这种类似体操的动作，是撑竿跳高技术中最复杂、最难掌握的技术环节。但是一旦掌握，就会更充分地利用撑竿的反弹力。

推竿时尽可能以垂直状态进入支撑，并控制两腿下放的时间。双臂用力向下推。左臂先推离撑竿，右臂再推离撑竿。右臂应顺势将撑竿推向助跑跑道方向，以免撑竿碰落横杆。

常见错误

伸展动作没有完全做完就过早转体。

Lesson 17 腾跃横杆与落地

推离撑竿后即转入腾空阶段，这时身体稍屈，成弧形姿势，含胸收腹，收紧下颌，使整个身体成“弓形腾跃”过横杆。

人体腾跃过横杆后，在空中成团身动作，最后以肩背或臀、背部落在海绵坑里。

由于撑竿跳高特殊的技术形式和力学特征，撑竿跳高成为难度较大的运动项目，也对运动员提出了很高的要求。他们必须具有短跑运动员的速度、跳跃运动员的弹跳力，还必须具备体操运动员的协调性和空中平衡控制能力。

Chapter5 基本训练

Lesson 18 速度训练

助跑的目的是获得快速向前的水平速度，这是完成撑竿跳高的基础和前提。

跑速的训练与短跑训练大体相似，但也有差别。

其特点是运动员手中持有一根长长的撑竿，并且这种高速度的程度还必须与运动员自身技术，尤其是最后4步的插穴起跳这一关键技术相适应。

助跑时要充分认识到人体与撑竿的关系，认识到撑竿对高速助跑带来的困难。撑竿产生的翻转力矩，既可以产生阻碍作用，也可以产生有益的作用。阻碍作用在新手中尤其突出，表现为难以控制撑竿，跑的动作紧张且费力。而优秀运动员则可以充分利用此力矩的向前向下的拉力，快速向前跑。

专项练习

1.持竿跑

包括：持竿平跑、持竿跑海绵格、持竿拉雪车跑。跑大约50-60米。

2.全程持竿助跑

应结合全程技术动作，主要以练习节奏感为主。

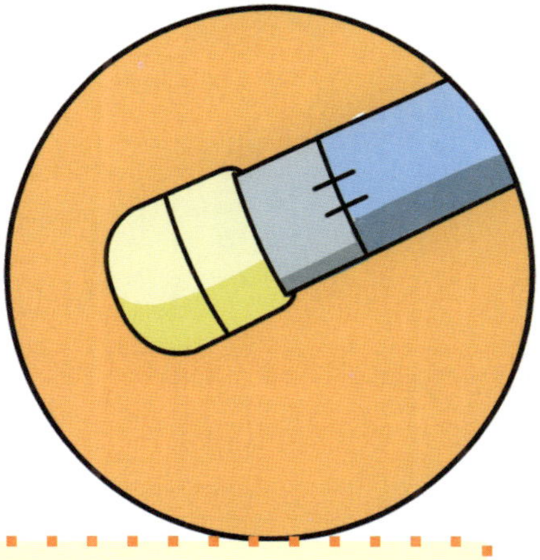

注意事项

在助跑中要求高抬大腿，富有弹性，放松自然，上下肢协调配合，身体保持直立。

不要前趴或者后仰，竿头逐渐下降。

说明

竿头是撑竿与地面接触的那一边，有一个圆形的帽子套在竿子上，用来减小竿子与地面的摩擦。

Lesson 19 力量训练

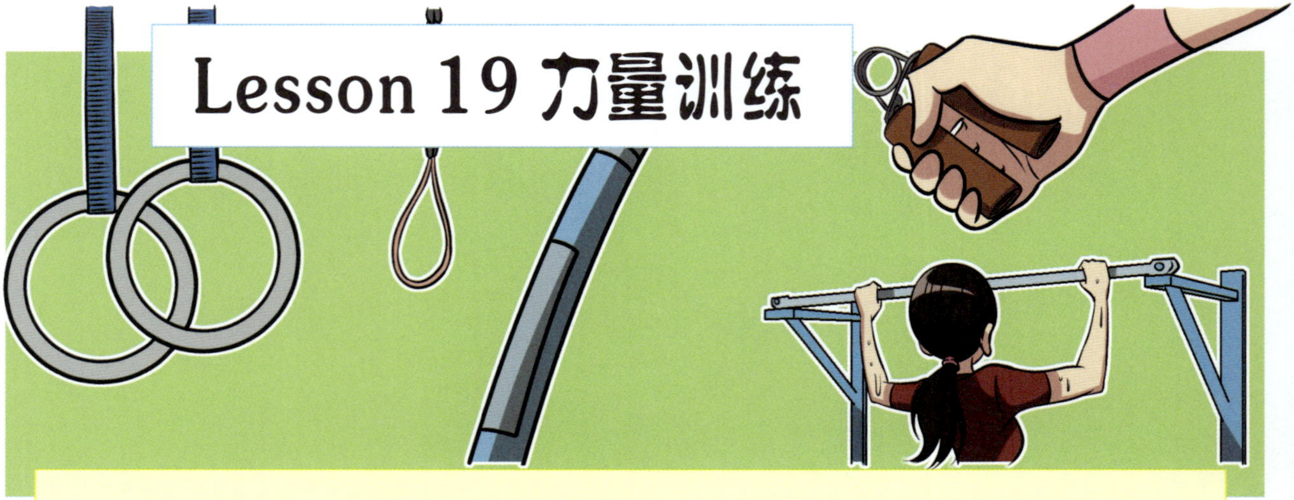

快速的助跑，积极有力的起跳，在很短的时间内完成各种复杂的竿上动作，要求运动员具有良好、全面的速度力量发展水平。

速度力量最典型的表现形式是爆发力，以爆发力为中心是撑竿跳高力量训练的特点。

既要具备跳远运动员所需要的腿部、腰背部等肌肉力量，又要具备体操运动员的握力、臂力、肩带力量和腰腹肌力量。吊环、吊绳、单杠等体操器械练习和专门练习，都是增强这些肌肉力量的有效手段。

借助撑竿支撑所做的一系列动作，都是在撑竿弯曲和反弹过程中进行的。只有当人体的动作和撑竿的动作协调一致时，才能取得最佳效果。在增强专项力量时需要考虑这一特点，多采用弹性竿、橡皮吊绳等弹性装置进行训练。

应具备跳远运动员在快速助跑中快速起跳的能力，这对提高握竿高度，加快撑竿和人体的运动速度非常重要。6步助跑起跳、助跑起跳越过栏架等练习都有帮助。

器械训练

卧推、高翻、
抓举、深蹲……

身体素质训练

肋木举腿、头后拉、
腰腹肌练习……

体操训练

爬绳、引体向上、
屈臂撑……

Lesson 20 灵敏协调性训练

需要较强的灵敏协调性，以确保完成从高重心、快节奏的助跑起跳，到团体伸展、转体过杆系列动作。

撑竿跳高名将布勃卡和伊辛巴耶娃，不仅早期接受了体操训练，而且在以后多年的系统训练中，始终将体操训练放在重要位置。

体操训练不仅能提高身体协调性，也能增强肌肉力量。

体操练习

侧手翻、空翻、倒立、单杠练习、
吊环练习、双杠练习……

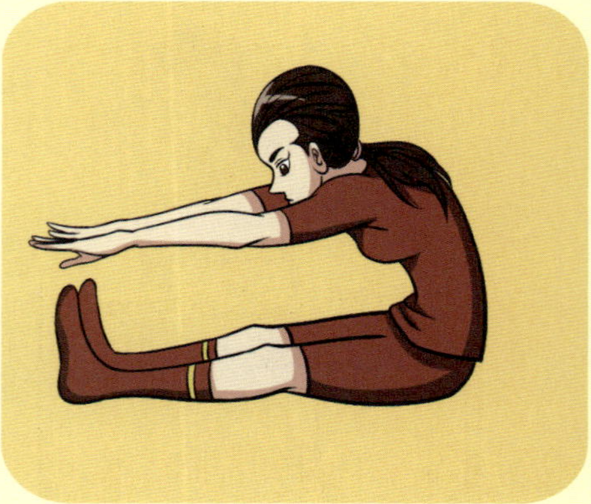

Lesson 21 柔韧性训练

发展柔韧性，一般采用动力牵拉和静力牵拉相结合的方法，效果更佳。

腿部：多采用站立压腿、踢腿、分腿坐压腿、体前屈等。

肩部：多采用双臂环绕、前后振臂、扩胸运动、拉肩压肩等。

腰部：多采用弓箭步转腰、仰卧转腰、体前屈、仰体等。

Lesson 22 专项耐力训练

训练比赛中，每次试跳都要消耗较多能量。比赛时间往往很长，要想在最后跳出好成绩，必须具有良好的专项耐力。专项耐力水平是发展在一般耐力基础上的，通过有计划地延长训练时间、增加过杆量等方法，在长期的训练过程中逐步提高。

Lesson 23 技术训练

应采用完整技术练习与分解技术练习相结合的方法，并使分解技术逐渐转到完整技术上。

一、原地降竿举竿模仿练习

目的

提高持竿控制能力及持竿技术。

要求

体前持竿，撑竿与地面夹角接近70°。上手肘部弯曲，下手小幅度下降，逐渐将撑竿降到接近水平位置。经耳侧向额前上方举竿。

注意事项

肩部和握竿双手要放松。上体保持正直。握竿位置可降低。举竿到位。

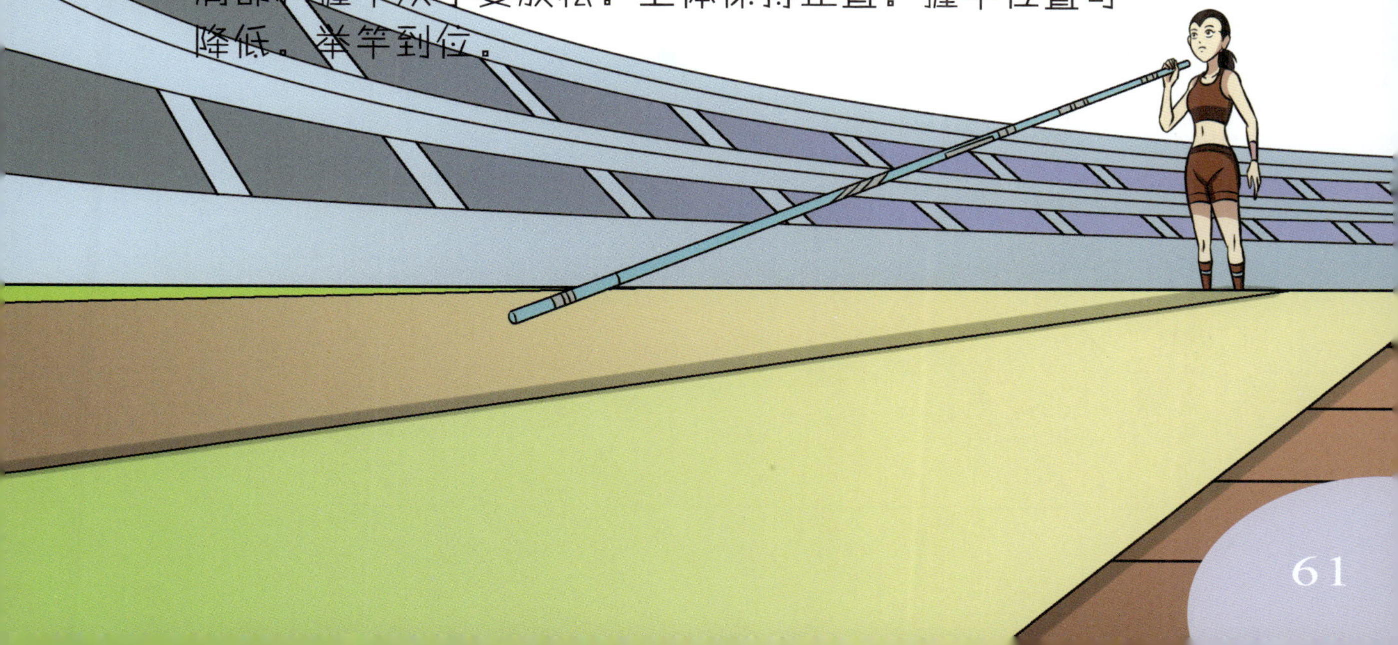

二、30米持竿加速跑

目的

提高持竿助跑的技术能力。

要求

后几步明显加速。高抬大腿，尽量与地面平行。后蹬充分，身体重心要高。

注意事项

肩部和握竿双手要放松。上体保持正直。双腿蹬摆配合。全身协调用力，逐渐加速。

三、竿上悬垂练习

目的

提高在竿上的悬垂感觉和能力。

要求

撑竿直立于地面。双手握距与肩同宽，双手紧握撑竿悬垂于竿上。双臂控制住撑竿，使双腿形成弓箭步动作。

注意事项

注意肩部放松，上臂伸直。起跳腿伸直滞留在体后。握竿位置可逐渐升高。可双人配合辅助做这一练习。

四、高台上起跳悬垂练习

目的

提高在竿上的悬垂技术和能力。

要求

站立在跳箱或高台上。向前一步或跑动两步，起跳，悬垂于竿上。两臂控制住撑竿，使两腿形成弓箭步动作。起跳腿与摆动腿并拢，落入沙坑或海绵垫上。

注意事项

上步起跳积极。起跳腿伸直滞留在体后。握竿位置逐渐升高。

五、高台上摆体转体练习

目的

体会和掌握摆体、转体技术。

要求

站在50-60厘米高台上。跑动2 3步，向前上方起跳。双腿起跳后形成弓箭步动作后摆动双腿，收腹团体向上伸展，同时转体落入沙坑。

注意事项

起跳腿伸直摆动，摆体时不要仰头，转体迅速到位。

六、撑竿跳高完整技术练习

目的

掌握完整的撑竿跳高技术动作。

要求

2步、4步、6步直竿起跳和过杆。
8步、10步、12步等偶数递增弯竿起跳过杆。
助跑节奏由慢到快。准确进行插穴起跳。团体伸展时机与竿子反弹时机相同。过杆时身体躲避横杆。

注意事项

刚开始练习时选用较小一点的竿子，从小到大逐渐换竿，直到找到最适合的撑竿。
助跑连贯不要停顿。果断举竿。起跳充分。摆体快速，团体到位。感受竿子反弹力。安全落垫。

Chapter6 竞赛规则及要点

Lesson 24
试跳失败判定

1. 试跳后，由于试跳动作致使横杆未能保留在两个横杆托上。

2. 越过横杆托之前，身体和所用撑竿的任何部位，触及插斗前壁上沿垂直面以前的地面和落地区。

3. 起跳离地后，将原来握在下方的手移握至上方的手以上，或原来握在上方的手向上移握。

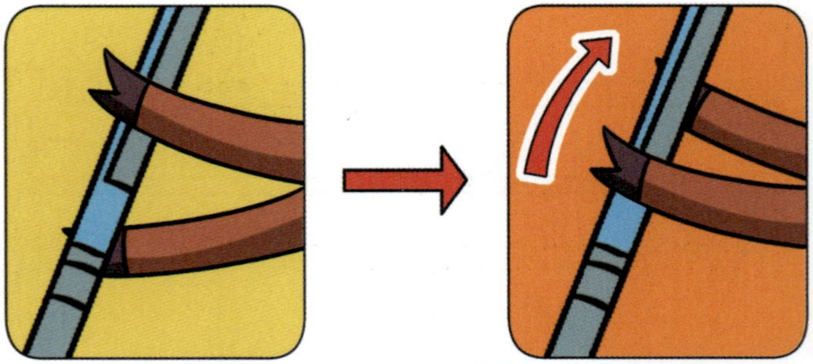

4. 试跳时，用手稳定横杆或将横杆放回。

5. 试跳时，撑竿折断，不应判为试跳失败，应给予该运动员一次重新试跳的机会。

6. 除非撑竿朝向远离横杆或撑竿跳高架的方向倾倒，否则不准任何人（包括运动员）触及撑竿。如果有人触及撑竿，而裁判长认为如果撑竿不被接触，将会碰落横杆，则应判此次试跳失败。

7. 无故错过该次试跳顺序，或超过规定试跳时限。

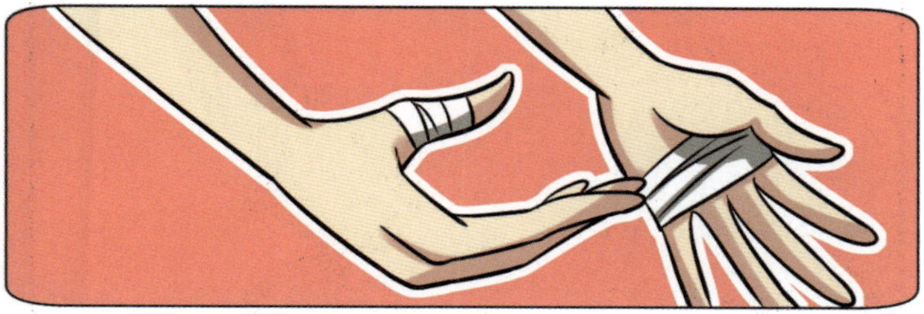

8. 未有开放性伤口时，在双手或手指上使用带子。

9. 使用超过两个标记，则判定该次试跳失败。

10. 未通知该运动员试跳而进行了试跳，不管是否越过横杆，都应判该次试跳失败。

11. 比赛中，出现错拿别人的标记、离开比赛场地、无故延误比赛时间、与裁判员争吵等情况，应由有关裁判长给予警告，并告诫。如再犯，将被取消比赛资格。

说明

1. 试跳助跑过程中，在任何位置跑出助跑标志线不算犯规。

2. 在试跳中，撑竿正确插入插斗后，撑竿触及落地区垫子，不判试跳失败。

3. 允许运动员在双手或撑竿上使用有利于抓握的物质，并允许使用手套。

Lesson 25 决定撑竿跳高成绩的主要因素

一、握竿高度

握竿高度取决于运动员的身高和单臂上举高度，以及持竿助跑的速度、插穴起跳和空中动作的技术和能力。

二、撑竿的长度和磅数

使用的撑竿长度越长，磅数越大，要求持竿助跑速度越快，插穴起跳和空中动作的掌控能力越强。

三、腾起高度

各个技术环节是一个衔接非常紧密的“链”式结构，前一个技术动作的好坏，直接影响到下一个技术动作的质量。良好的空中动作，一定来源于地面上快速的助跑速度，和连贯的举竿插穴起跳动作。

Chapter7 注意事项和安全防护

Lesson 26 运动前注意事项

2.检查撑竿有无破损。

3.检查落地区的垫子是否平整。

Lesson 27 运动时注意事项

1. 步点要准确，找到最适合自己的助跑距离，并在跑道边缘放好标记物。

2. 合适的握竿点，可在撑竿上自己的握竿点处缠绕胶布或涂抹助黏剂，增加握力。助跑动作腿抬高，向前性好。

3. 插穴起跳果断有力。

4. 竿上动作，身体控制住不松散。

5. 落地动作用背部着垫子，不要歪斜。

Lesson 28 运动后注意事项

要做好整理活动，就是放松运动。

可通过慢跑、骑自行车、水疗等，加快代谢肌肉运动后产生的代谢物，促进恢复。

通过静态牵拉，让运动后僵硬的肌肉得到缓解。

Chapter8 对运动员的要求

撑竿跳高属于爆发性用力的灵巧项目，对运动员的速度、力量、灵巧性等身体素质都有很高要求，尤其是对身体形态有着特殊要求。

Lesson 29 身体形态

2. 臂展。运动员的握竿点在不断提高，不仅要注意身高，而且还应注意相同身高运动员的臂展长度和单臂上举高度。要尽量挑选臂展长度超过本人身高的人，以便提高握竿点，增加摆动半径，给撑竿更大的压力，以利于越过更高的高度。

1. 身材高，体重轻，人瘦，脂肪少，下肢长，身体的围度和宽度较小，臀部肌肉紧缩呈上翘状，跟腱长，脚弓高，脚趾短齐有力，脚掌富有弹性等。

3. 如果有的苗子身高或者外形达不到理想状态，但弹跳力很好，速度、灵巧性等素质十分突出，也可作为培养对象。

Lesson 30 运动素质

绝对速度、弹跳力、快速力量和协调性，是运动员共同的主要运动素质，是选材的重点指标。

一、绝对速度

要求在高速助跑中准确有力地完成起跳。绝对速度是助跑速度的基础，是决定跳跃成绩的重要因素。

一般采用站立式起跑30米、60米测试绝对速度。

年龄	内容	男	女
12~13岁	30米起跑（秒）	4.90	5.10
	后抛铅球（米）	8.50	5.50
	立定三级跳远（米）	6.40	6.00
	7步助跑跳远（米）	4.70	3.80
	100米(秒)	13.40	14.10
	跳远（米）	5.20	4.60
	推铅球（米）	7.50	5.00
	1500米	10'6"	15'3"

二、弹跳力与快速力量

立定跳远、立定三级跳远、助跑摸高净跳高度、四步助跑五级跨步跳远、后抛铅球5项测验，能反映运动员的弹跳力、快速力量和全身协调性。

三、协调性

上肢和躯干肌肉力量较强是撑竿跳高技术对运动员的特殊要求。会一些体操动作，在撑竿跳高项目中非常重要，如倒立、前后滚翻和毽子翻等。

Lesson 31 心理素质

心理素质在运动竞赛中起着调节、控制甚至主导的作用。良好的心理素质是体能和技能得以充分发挥的前提条件。

撑竿跳高运动因技术复杂，在空中要完成一系列动作，还有横杆的制约障碍等，对运动员的心理素质要求特别高。

选材时必须重视心理测试与考察，应选拔神经系统灵活性高、反应较快、空间本体感觉好、定向能力强、有强烈进取心的运动员。

Chapter9 膳食与营养

Lesson 32 膳食中应注意的几个问题

一、食物多样化

根据膳食供给标准，结合市场、季节及热量消耗情况，选择适宜的食物，通过合理的烹调加工，避免水溶性维生素的破坏和无机盐的丢失，使运动员获得营养全面和色、香、味俱全的平衡膳食。

二、合理搭配酸性和碱性食物

1. 酸性食物包括肉类、米、面粉、部分鱼类等。

2. 碱性食物包括青菜、豆腐、奶类等。

3. 中性食品包括水果、大豆、鸡蛋等。

为了维持体内酸碱平衡，需要全面调配膳食，并防止养成偏食和吃零食的不良习惯。

三、尽可能食用天然食物

一般情况下不采用药物制剂补充营养。如确有必要，需要注意剂量及副作用等问题。

四、进餐时间必须与运动相适应

大运动量训练后，至少应休息45分钟方可进餐，马上进餐会影响消化。

进餐后至少休息2.5小时才可进行剧烈运动，否则大量血液流向四肢肌肉，会抑制消化作用。运动时肾上腺素分泌增加，使胃肠蠕动能力减弱，消化液分泌减少。

进餐后休息时间的长短还应根据不同的体质、运动项目和运动量而适当加以调整。吃了不易消化的食物（如脂肪），休息时间应增加。

Lesson 33 赛前营养的基本原则

1.至少在比赛前1周不食用任何新增的食品。

2.到达比赛地点后，首先要使机体适应新的作息制度和饮食制度，这样可使体内参与消化和物质代谢的各个器官尽快适应新的环境。

3.避免厌食，应少吃多餐，吃易消化和含糖量高的食物。

4.增加体内糖原储备，是确保运动员良好赛前状态的重要手段，也是提高比赛能力所必需的。但糖原储备的增加有可能使体重增加，1克糖原需要结合3克水。

5.适宜补充运动时所失去的水和无机盐。任何时候都不要在水负平衡下参加比赛，体内必须存储一定量的水。天气炎热时，即使并不感到口渴，也要饮用水或含葡萄糖与矿物质的饮料，避免出现口渴现象。

6.赛前应避免吃含纤维素多和易产气的食物。应选择刺激性小和容易消化的食物。不宜过饱。

Lesson 34 赛前餐样例

赛前4小时

土豆、瘦肉、豌豆、果冻、饼干、牛奶。

赛前3小时

汤、小块鱼、烤土豆、豆类、果冻、咖啡、茶、果汁。

赛前2小时

果汁、牛奶、茶、咖啡、糖类食物。

赛前1小时

牛奶，巧克力，果汁。

重大比赛前，宜多吃含维生素的水果和糖类食物，以增加体内碱和糖原的储备。

附录 田径项目中英文对照表

Athletics	田径
Men's 100m	男子100米
Men's 200m	男子200米
Men's 400m	男子400米
Men's 800m	男子800米
Men's 1500m	男子1500米
Men's 5000m	男子5000米
Men's 10000m	男子10000米
Men's 110m Hurdles	男子110米栏
Men's 400m Hurdles	男子400米栏
Men's 3000m Steeplechase	男子3000米障碍
Men's 20km Race Walk	男子20公里竞走
Men's 50km Race Walk	男子50公里竞走
Men's 4 × 100m Relay	男子4 × 100米接力
Men's 4 × 400m Relay	男子4 × 400米接力
Men's Marathon	男子马拉松
Men's High Jump	男子跳高
Men's Long Jump	男子跳远
Men's Triple Jump	男子三级跳远
Men's Pole Vault	男子撑竿跳高
Men's Shot Put	男子铅球
Men's Discus Throw	男子铁饼
Men's Javelin Throw	男子标枪
Men's Hammer Throw	男子链球
Men's Decathlon	男子十项全能[1]

注：

1. 男子十项全能是由100米、跳远、铅球、跳高、400米、110米栏、铁饼、撑竿跳高、标枪、1500米十个项目组成的综合性男子比赛项目。

附录 田径项目中英文对照表

Athletics	田径
Women's 100m	子100米
Women's 200m	女子200米
Women's 400m	女子400米
Women's 800m	女子800米
Women's 1500m	女子1500米
Women's 5000m	女子5000米
Women's 10000m	女子10000米
Women's 100m Hurdles	女子110米栏
Women's 400m Hurdles	女子400米栏
Women's 3000m Steeplechase	女子3000米障碍
Women's 20km Race Walk	女子20公里竞走
Women's 50km Race Walk	女子50公里竞走
Women's 4 × 100m Relay	女子4 × 100米接力
Women's 4 × 400m Relay	女子4 × 400米接力
Women's Marathon	女子马拉松
Women's High Jump	女子跳高
Women's Long Jump	女子跳远
Women's Triple Jump	女子三级跳远
Women's Pole Vault	女子撑竿跳高
Women's Shot Put	女子铅球
Women's Discus Throw	女子铁饼
Women's Javelin Throw	女子标枪
Women's Hammer Throw	女子链球
Women's Heptathlon	女子十项全能[1]

注：

1. 女子七项全能是由100米、跳高、铅球、跳远、200米、标枪、800米七个项目组成的综合性男子比赛项目。